LUCIANO VERDONE

O bem-estar emocional

CB023487

Paulinas

Dados Internacionais de Catalogação na Publicação (CIP)
(Câmara Brasileira do Livro, SP, Brasil)

Verdone, Luciano
  O bem-estar emocional / Luciano Verdone. – São Paulo : Paulinas, 2012. – (Coleção bem-estar)

  ISBN 978-85-356-3367-2

  1. Autoconhecimento - Teoria 2. Emoções 3. Evolução humana 4. Filosofia da mente 5. Harmonia (Filosofia) 6. Maturidade emocional 7. Mente e corpo I. Título. II. Série.

  12-12562   CDD-158.25

Índice para catálogo sistemático:
1. Bem-estar emocional : Psicologia aplicada 158.25

1ª edição – 2012

Título original da obra: *Il benessere emotivo*
© Paoline Editoriale Libri – Figlie di San Paolo, 2005
Via Francesco Albani, 21 – 20149 Milano – Italia.

Direção-geral: *Bernadete Boff*
Editora responsável: *Andréia Schweitzer*
Tradução: *Cacilda Rainho Ferrante*
Copidesque: *Mônica Elaine G. S. da Costa*
Coordenação de revisão: *Marina Mendonça*
Revisão: *Marina Siqueira*
Gerente de produção: *Felício Calegaro Neto*
Assistente de arte: *Ana Karina Rodrigues Caetano*
Projeto gráfico e capa: *Telma Custódio*

Nenhuma parte desta obra pode ser reproduzida ou transmitida por qualquer forma e/ou quaisquer meios (eletrônico ou mecânico, incluindo fotocópia e gravação) ou arquivada em qualquer sistema ou banco de dados sem permissão escrita da Editora. Direitos reservados.

Paulinas
Rua Dona Inácia Uchoa, 62
04110-020 – São Paulo – SP (Brasil)
Tel.: (11) 2125-3500
http://www.paulinas.org.br – editora@paulinas.com.br
Telemarketing e SAC: 0800-7010081
© Pia Sociedade Filhas de São Paulo – São Paulo, 2012

Os fundamentos da sabedoria

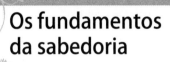

Na base das aspirações humanas existe somente uma tensão.

Aquela do bem-estar interior. Estar bem total, mental e fisicamente.

Toda a nossa sabedoria parece responder a uma só pergunta: "Como viver da melhor forma?".

Examinando a ciência, a filosofia e a religião, acho possível chegar a três fundamentos universais de bem-estar.

São três as regras sempre válidas para a saúde mental:

- Viver o presente.
- Colocar o outro no centro.
- Aceitar a realidade.

1
Primeira regra: viver o presente

*Se souberes dar valor
a cada instante que passa,
o mundo será teu.*
(R. Kipling)

Quando penso em mim mesmo, posso perceber-me de duas maneiras.

Como fluxo de momentos sucessivos (primeiro eu estava ali, agora estou aqui).

Ou como "momento presente" que, dilatando-se ao infinito, abarca toda a experiência, dando-me a impressão de ser um absoluto, um sujeito sem limites espaciais e temporais.

Um ser que existe desde sempre.

A saúde mental exige que aprendamos a "habitar" no presente e que potencializemos a segunda maneira de nos sentirmos.

Para isso, devemos perceber que a fixação no presente não nos é desconhecida, já faz parte de nossa consciência.

De fato, o presente na infância era um universo sem limites para nós.

A criança pode parecer inconstante. Começa um jogo e depois passa para outro. Na verdade ela vive intensamente aquilo que faz. Não sente a experiência em termos de duração, mas como absoluta.

Expressões como *ontem, amanhã, sempre, nunca* são abstrações irrelevantes para ela. Quando brinca, fala, fantasia, a criança mergulha nas emoções, vive um tempo infinito e indefinido.

Para viver o presente é preciso tornar-se criança.

De fato, o homem adulto não é absolutamente um ser concentrado no presente.

Existe algo de errado em nossa experiência mental. Vivemos de modo repetitivo, inconsciente. Somos sempre arremessados para as lembranças ou projetos.

Pascal escreveu: "Cada um examine seus pensamentos: vai encontrá-los sempre ocupados com o passado ou com o futuro. Quase nunca pensamos no presente... Assim, nós não vivemos, mas esperamos viver e, nos preparando sempre para sermos felizes, é inevitável que nunca o sejamos".

Tal estilo de vida oculta desvantagens desagradáveis:

- Em nossa tensão para o futuro arriscamos não desfrutar das possibilidades preciosas que a vida nos oferece: "Quem acredita só no amanhã, negligencia as possibilidades do hoje" (Emerson).

- Nós restringimos o raio da experiência a aspectos limitados da realidade. Como afirma Sêneca: "Nós vivemos somente uma pequena parte da vida".

- Arriscamos viver de forma inconsciente até mesmo os momentos mais significativos da existência, incluídas as experiências-limite, como o perigo, a doença grave, o desaparecimento de pessoas, a nossa própria morte. Como dizia o poeta português Fernando Pessoa: "Existo sem que eu o saiba e morro sem que eu o queira".

Por que é que fugimos do presente?

Talvez porque percebamos que encará-lo implicaria a aceitação plena da realidade, uma consideração laboriosa com o sentido da vida e seus problemas.

Como concentrar-se no presente

1. O homem é essencialmente consciência

O homem é o único ser a ter consciência plena, inteligente e discursiva da realidade.

De fato, do ponto de vista psicológico, a vida humana pode ser definida como experiência consciente.

Sentir-se vivo, em outras palavras, coincide com a consciência da realidade, até o ponto em que não existe a realidade em abstrato, mas a realidade que experimentamos, a "nossa realidade".

Mais do que isso. O homem tem consciência não somente do mundo e dos outros, mas de si mesmo.

Ele consegue apreender simultaneamente a realidade e a si mesmo no ato de percebê-la.

Essa segunda capacidade é ainda mais elevada do que a consciência daquilo que existe. É a autoconsciência.

Antes de ter consciência do mundo, o homem é consciente de si mesmo.

2. A consciência sempre se refere ao presente

Examinando com atenção, a consciência se refere constantemente ao presente. É sempre no presente que temos consciência de alguma coisa.

Mesmo quando relembramos o passado ou projetamos o futuro, observa Santo Agostinho, nós vivemos tais dimensões no interior de um momento presente.

A mente consciente garante, instante a instante, tanto a existência da realidade quanto aquela do sujeito que a percebe.

"Nada é tão próximo da mente", observa Agostinho, "como a mente em si mesma".

Em qualquer experiência que esteja tendo, o homem está sempre consciente de três coisas: de ser ele mesmo, de encontrar-se em certo lugar, de existir num dado momento.

Eu, espaço e tempo são os três componentes da consciência.

3. O plano temporal pode ser modificado

Temos consciência, sobretudo, de que o tempo não é qualquer coisa de objetivo, mas um esquema mental no qual podemos intervir.

De fato, a consciência de nós e do mundo é fruto do estender-se do pensamento nas coisas ou, para usar a expressão pregnante de Agostinho, é "dilatação da mente" sobre a realidade (*distensio animi*).

Podemos, pois, reestruturar o esquema temporal criando um novo sentido de tempo.

E compreender que aquilo que conta de modo absoluto é o "aqui e agora" e que o momento presente é uma possibilidade única, uma oportunidade exclusiva.

A regra de ouro é aquela dos antigos: *Age quod agis* ("faça bem aquilo que está fazendo").

Isso significa duas coisas:

- devemos viver cada experiência intensamente;

- devemos nos habituar a desviar energicamente a atenção de tudo aquilo que pode dispersar a energia mental.

"Cada coisa a seu tempo", afirma a Bíblia.

4. Entre no instante

Somente dilatando o átimo podemos passar do "existir" biológico, automático e repetitivo, para a forma de "ser" consciente.

É possível, assim, compreender a cada instante o que devemos fazer e a melhor maneira de fazê-lo.

Quando estamos em dúvida quanto a várias ações a serem executadas, convém concentrar-se naquela que pareça mais adequada, como se fosse a única possível, exceto quando logo em seguida descobrimos que seria conveniente suspendê-la.

Um momento intenso de existência consciente, de conexão satisfatória, pode valer por anos de vida.

5. Diminua o ritmo de vida

O homem das civilizações antigas dependia do tempo cósmico, ritmado pelo passar das estações e o alternar-se dos ciclos de vida. O homem metropolitano, ao contrário, constrói cenários artificiais e estilos não naturais de vida.

Para se estar bem é preciso voltar ao "tempo natural", linear e harmônico.

Sente-se e faça um exercício de passividade. Obrigue a mente a diminuir o biorritmo graças aos seguintes expedientes:

a) imagine a si mesmo se movimentando em câmara lenta, rodeado por pessoas que agem e falam em sequências muito lentas;

b) escute, se conseguir, as vozes que vêm do exterior, selecionando aquelas da natureza;

c) visualize um cenário natural que lhe seja agradável e focalize atentamente os objetos, cores, sons, mensagens olfativas...

d) imagine que está mergulhado num rio que flui plácida e preguiçosamente e ajuste-se serenamente ao ritmo da corrente. Repita para si mesmo: "Não empurre o rio, pois ele corre sozinho".

6. Dê-se tempo

A Escola Médica de Salerno afirmava que uma boa saúde depende de três coisas: temperamento alegre, alimentação moderada, capacidade de se impor momentos de repouso.

Programe sua vida de forma a prever pausas de relaxamento, meditação, relacionamento, leitura...

Se tiver espírito contemplativo, retire-se para um local tranquilo, sente-se confortavelmente ou se deite.

Permaneça vinte minutos perdido no absoluto, no "tudo-nada". Não imponha direções obrigatórias à mente, mas deixe que siga suavemente atmosferas relaxantes.

Se tiver fé, mergulhe na luz harmonizadora de Deus, coloque-se como diante de um astro irradiante.

chamam de paz", "sono dos poderes da alma".

A oração mental tem o poder de produzir mudanças positivas no corpo e na mente, como a diminuição do ritmo cardíaco, a redução do consumo de oxigênio, a diminuição do nível de estresse e ansiedade, o aumento da concentração e da criatividade e maior compreensão de nós mesmos e dos outros.

"A prece salvou minha vida" (Gandhi).

7. Relativizar a realidade

Focalize mentalmente a agenda de compromissos sociais que o aguardam, individualizando aquele que o deixa mais ansioso.

Não cometa o erro de atribuir tudo a mesma importância, mas execute um procedimento duplo:

- hierarquize os compromissos com base em seu real valor;
- relativize a relação com qualquer coisa de maior importância.

Considere, sobretudo, que muitas coisas são boas, mas nem todas são oportunas.

Diferencie aquilo que é bom em geral daquilo que é bom para você, em sua situação particular.

Viva seus compromissos com distanciamento, levando em conta que não depende tudo de você.

Experimente o prazer sutil de ser supérfluo. Chegará realmente um dia em que o mundo precisará menos de você.

Aprenda a conciliar suas necessidades com as dos outros.

Para ajudar os outros não é necessário assumir um comportamento cúmplice (de suporte), nem sentir os mesmos sentimentos (simpatia).

Ao contrário, é essencial tentar compartilhar emocionalmente a situação de quem está diante de nós (empatia).

8. Experimente rir de suas aflições

Para diminuir o nível de ansiedade é preciso exercitar a autoironia, que consiste numa mistura de humor e consciência tranquila dos próprios limites.

Ria com vontade de seus medos, exageros, erros. Quem consegue rir de si mesmo é um vencedor, porque obtém um efeito de relativização e de "distanciamento" das experiências que provocam ansiedade.

Por exemplo, se vou chegar atrasado a um compromisso e me sinto muito ansioso, posso tentar cantarolar, imaginar alegremente as piores reações dos outros, inventar ditos espirituosos para combater o exagero. Se eu conseguir administrar uma situação paroxística mentalmente, poderei enfrentar melhor a realidade, que é sempre menos grave do que a imaginação.

2

Segunda regra: colocar o outro no centro

> *A felicidade é uma porta que se abre para fora.*
> (Sören Kierkegaard)

A expressão "nenhum homem é uma ilha" significa que nossa identidade não é solitária, mas relacional.

Deve-se considerar, sobretudo, que a consciência de si mesmo é de natureza social.

Sem os outros, nós não nos conheceremos.

Numa ilha deserta arriscaríamos, na verdade, a perda da identidade por estarmos privados de confirmações relacionais.

Em outras palavras, nós compreendemos quem somos através dos sinais de aprovação ou desaprovação que recebemos a todo instante.

Quando entro numa sala, como sou recebido, cumprimentado, me faz entender o que represento para os outros.

Se parar para falar com as pessoas, tenho a possibilidade de entender o que os outros pensam de mim com base no valor que dão às minhas opiniões, do espaço de intervenção que me concedem.

Em segundo lugar, é preciso ter presente que existe uma conexão entre autoestima e avaliação dos outros.

Se estiver bem comigo mesmo, serei levado a ver positivamente também as pessoas que me cercam.

Se, ao contrário, estiver deprimido ou alimentar um sentimento de inadequação, então estarei inclinado a fazer projeções negativas sobre os outros, desvalorizando-os ou supervalorizando-os excessivamente, segundo o caso.

Mas o processo pode ser revertido. Quando me exercito para tratar os outros com respeito, como se tivessem certo valor, percebo que cresce a estima em relação a mim.

Consequentemente, para os fins do bem-estar interior, é importante pensar bem dos outros.

Depois de se ter dado muita importância ao QI (quociente de inteligência), chegou o momento de se começar a falar também do QR (quociente de relacionamento).

Aprendemos muitas coisas na escola, mas ninguém nos ensina a conviver bem com as pessoas com as quais vivemos, a controlar a agressividade, a exprimir uma opinião sem perverter nem renunciar a nossas visões.

E está provado que a causa fundamental das patologias mentais se encontra exatamente na falta de estratégias relacionais. O psicanalista Winnicot afirma que "a doença mental nasce quando desmorona a comunicação humana".

Concluindo, a serenidade mental exige que aprendamos a nos identificar com os outros, a assumirmos como nossos os estados de ânimo do outro, a nos sentirmos unificados com quem nos está próximo. A "viver" o outro.

Porque o outro é como eu, tem emoções e sentimentos semelhantes aos meus, compartilha comigo as necessidades de segurança, pertencimento, estima, felicidade.

Quem é, pois, o outro? Todo homem que encontro é um outro para mim. Mas eu, sou um outro para ele.

O outro sou eu.

Como focalizar no outro

1. A descentralização

Na evolução de uma pessoa acontece mais ou menos o que ocorreu com a ciência moderna. Num certo momento se descobriu, surpreendentemente, que no centro do universo não estava a Terra, mas o Sol.

É a chamada revolução de Copérnico. Da mesma forma, a criança, depois de ter sido durante anos o centro das atenções dos adultos, começa, aos poucos, a "descentralizar-se", a marginalizar os próprios pontos de vista para focalizar a atenção nos outros. Podemos dizer que a maturidade humana de um indivíduo segue passo a passo esse processo de autocrítica e de relativização.

Quando fizer contato com alguém, experimente concentrar sua atenção na originalidade de cada um, na dignidade e grandeza do outro, no mistério de cada pessoa.

Tenha uma atitude de consideração interior e de respeito.

Tente entender um pouco por vez que a pessoa que está diante de você representa, de certa forma, a manifestação viva da essência divina, o ponto mais elevado da evolução cósmica.

Lembre-se de que o sentimento de veneração para com alguém é objetivo comum em todas as sabedorias filosóficas e religiosas.

2. A avaliação favorável

É preciso consolidar gradualmente em nós o objetivo de querer a qualquer preço respeitar o outro. Para tal é fundamental admitir sinceramente que cada ser humano é melhor do que nós em alguma coisa e que não existe ninguém no mundo que não goste de ser valorizado pelas qualidades que possui.

Quando encontrar alguém, pergunte-se: "No que esta pessoa é melhor do que eu? Como posso destacar seus aspectos positivos?".

Com certeza já foi comprovado que todos nós desejamos elogios e tememos críticas.

"Os melhores relacionamentos são aqueles que criamos a nossas custas, com a nossa generosidade e a nossa compreensão" (Bokun).

3. A compreensão do outro

Um grande psicólogo escreveu: "Descobri o grande valor de me permitir entender a outra pessoa" (Rogers).

Quando alguém fala com você, ouça-o com atenção, deixe que desenvolva totalmente seu discurso, não o interrompa, evite seguir seus próprios pensamentos, não prepare a resposta.

Lembre-se de que cada homem é um pequeno universo, original e completo, no qual se pode entrar e se perder.

"Não permita que alguém se aproxime de você sem que vá embora melhor e mais feliz" (Madre Teresa).

4. O comportamento altruísta

Quando estiver com alguém, pergunte-se se está desenvolvendo um comportamento "possessivo" ou "altruísta". O comportamento "possessivo" nos leva a usar os outros como prêmio conquistado, como suporte de nossa identidade...

O comportamento "altruísta" consiste, ao contrário, em colocar-se na frente do próximo não como alguém que "domina", mas como alguém que "doa".

O outro não é um instrumento nesse caso, mas um fim, um sujeito autônomo e completo para ser respeitado como valor absoluto.

Este segundo estilo é livre e liberador. Demanda vigilância e controle, mas dá muitas alegrias.

Concluindo, quando estiver com alguém, pergunte-se duas coisas:

- qual é o estado psíquico do outro?
- do que precisa? Como posso ajudá-lo?

5. A crítica construtiva

Existem dois tipos de crítica: "manipulativas" e "construtivas".

As primeiras têm um caráter de desabafo agressivo, são genéricas e totalizadoras, atingem a personalidade inteira do outro, têm como alvo induzir sentimentos de culpa e controlar os sentimentos dos outros.

Baseiam-se em palavras como *nunca*, *sempre*, *tudo*, *nada*, em frases do tipo: "Você não vai mudar nunca", "Você arruinou toda a minha vida", "Você é sempre o mesmo"...

As segundas, ao contrário, não são dirigidas contra uma pessoa, mas têm como alvo modificar um comportamento concreto numa situação específica.

Por exemplo: "Parece-me que dessa vez você tenha perdido o controle", "Neste caso você não se esforçou suficientemente"...

3

Terceira regra: aceitar a realidade

Os benefícios sobrevêm para as almas somente através da dor e dos sofrimentos.
(Platão)

Entre os preconceitos mais enraizados na mentalidade comum se encontra aquele segundo o qual somente as situações positivas têm o poder de produzir o bem-estar e a alegria.

Como consequência, passamos a vida tentando evitar tudo aquilo que nos parece desagradável.

Não refletimos o bastante sobre a função insubstituível que o negativo pode ter em nossa existência. Sobre o fato da consciência de nós mesmos surgir exatamente dos problemas, obstáculos e fracassos.

"O meu maior poder está exatamente na fraqueza", afirma Ovídio.

Em nome da paz interior é preciso aceitar inteiramente a nós mesmos e nos ajudar com as seguintes considerações...

Primeiro: só existe aquilo que acontece

Nós somos a nossa história. É fundamental, pois, "nos manter em paz com a realidade" (Hegel), considerando somente aquilo que existe, e não o que poderia ter existido.

Se as coisas tivessem verdadeiramente acontecido segundo o nosso ideal ou os parâmetros de normalidade, nós não teríamos *certos* problemas, mas provavelmente outros, talvez até mais graves: arrogância, insensibilidade, autoestima insuportável...

Nosso verdadeiro inimigo não é a realidade, que será talvez dura e desagradável, mas o esquema ideal, a convicção de que o nosso destino ainda não se realizou e que possa vir a ser outro.

Ainda que isso fosse verdadeiro, nós não encontraremos jamais a vida paralela que desejamos, pois o equilíbrio mental exige que aceitemos aquilo que aconteceu e que acontece.

Segundo: alegria e sofrimento nascem um do outro

Não existiria o júbilo de uma manhã serena sem a tristeza das horas de chuva. Nem o alívio das férias sem a fadiga do trabalho.

Heráclito, um antigo filósofo, afirma que: "É de coisas diferentes que nasce a mais bela harmonia". E que "Tudo se gera através dos contrastes". De fato, "a doença torna a saúde doce, a fome deixa doce a saciedade e a fadiga torna o repouso doce", "Da morte nasce a vida".

Raramente acontece de aprendermos alguma coisa senão através da fase negativa, de forma processual e dialética. É neste sentido que "o negativo é em si mesmo positivo" (Hegel).

Terceiro: o sofrimento é uma criação da mente

"Nós não sofremos por causa dos fatos que acontecem, mas pelo juízo que fazemos dos fatos", afirma Epíteto.

Um exemplo: uma criança e um adulto ferem o dedo. O adulto, que já tem diversas experiências de dor, permanece sereno. Pensa: não é nada, vai passar. A criança, ao contrário, carente de contextos mentais análogos, identifica-se com a dor, coloca-se em conflito com toda a realidade, sente-se traída em sua confiança no mundo e continua a chorar mesmo quando a dor já passou.

Na origem do sofrimento existe, pois, uma reação que temos em relação à mesma.

Uma regra psicológica afirma que se temos medo de sofrer, acaba-se sofrendo de medo.

E que o medo do medo é o pior medo.

Em outras palavras, é um comportamento "estéril" diante da dor que se exprime na fuga e em tentar evitá-la.

É um comportamento "fértil" que se realiza ao reconhecer nosso sofrimento, ao dar-lhe sentido e finalidade.

Somente a dor sem significado e sem esperança nos aniquila em vez de nos reforçar.

Aprendamos a dialogar com a dor, a deixar falar as lágrimas.

A maturidade de um homem corresponde aos problemas com os quais se defrontou.

"O homem é um aluno e a dor é seu mestre" (Gandhi).

Para melhor aceitar a dor

1. Os erros são muitas vezes inevitáveis

É preciso redimensionar e reinterpretar nossos erros.

Tenha presente que a vida implica para todos, mesmo para os mais dotados, um determinado número de erros.

Quando tivermos acabado de errar, teremos também terminado de viver. Na verdade, viver significa não ter chegado nunca, não ter jamais a resposta final, aquela certa. É necessário ter vivido muito tempo antes de aceitar a imperfeição. Na realidade, viver é para todos nós equivalente a ser imperfeito.

Além disso, considere que o termo erro é uma etiqueta que se aplica somente em retrospectiva.

Um erro, de fato, é um ato qualquer que, enquanto ocorria, nos parecia certo e, que somente depois, tendo em vista o sucesso, desejaríamos ter feito diversamente.

O que significa que seria impossível evitar o erro.

2. Os erros têm muito para nos ensinar

Nada nos faz refletir tanto como um fracasso e ninguém nos ensina tanto quanto um adversário.

Os erros existem em função do crescimento e da consciência. Cada um deles nos indica o que deveríamos corrigir, aproximando-nos gradualmente do comportamento mais eficaz.

Logo, vamos ouvir o que os nossos erros têm para nos ensinar. Perguntemo-nos o que aprendemos de uma situação negativa.

Um sentimento de culpa sistemático pelos erros que cometemos revela insegurança e baixa autoestima. Nesse caso vivemos os erros como confirmação de nossa inadequação.

Na verdade, a autoestima se baseia na percepção realista dos recursos e dos limites.

Não permita que a baixa autoestima nos impulsione a ter desempenhos contínuos otimizados com o fim de sermos aprovados. Não temos de ser perfeitos para gostar de nós mesmos ou para que os outros nos aceitem. Fiquemos longe do "complexo de campeão olímpico" que se propõe um modelo inacessível de perfeição.

Lembre-se de que o ser humano é um universo, uma totalidade, uma profundidade.

Ele não pode ser avaliado com base em critérios parciais ou superficiais.

"Uma pessoa é um universo de natureza espiritual, dotado de liberdade de escolha e constituindo, portanto, um todo independente em face do mundo" (Maritain).

3. Admita serenamente seus erros

Ao contrário da pessoa egocêntrica e insegura que jamais pede desculpas, quem aceita críticas e observações, reconhecendo tranquilamente os próprios erros, demonstra ter equilíbrio interior.

O melhor modo de pedir desculpas é aquele simples e direto: "Sim, errei. Sinto muito".

Devem ser evitadas, porém, as expressões do tipo: "Está certo, errei. Na verdade, acontece com todo mundo de errar!". Frases como estas denotam a incapacidade de assumir a responsabilidade pessoal de nossos comportamentos.

Não saber se desculpar é sinal negativo, mas pedir desculpas continuamente sem um verdadeiro motivo também o é. Esse comportamento também denota baixa autoestima e dependência excessiva do julgamento dos outros.

Assim, por exemplo, se chego tarde a um encontro devido ao atraso do trem, não devo pedir desculpas, mas somente dar uma explicação. Na verdade eu também estou entre aqueles que sofreram danos.

4. Os três "A" do arco vital

- Pegue uma folha de papel e desenhe uma parábola. Ela representa o arco de sua vida.

- Coloque três "A" em ordem sequencial na curva do semicírculo. Eles simbolizam três acontecimentos particularmente significativos em sua vida que o ajudaram a compreender a si mesmo, aos outros e à realidade.

- Escreva na folha sobre esses três momentos de crescimento interior, explicando o que entendeu através deles.

Sumário

Os fundamentos da sabedoria 3

1. Primeira regra: viver o presente 5
   Como concentrar-se no presente 9

2. Segunda regra: colocar o outro
   no centro..................................... 23
   Como focalizar no outro 27

3. Terceira regra: aceitar a realidade ... 35
   Para melhor aceitar a dor............... 41